CONTENIDO

Presentación   12

La Isla y sus Decires   17

Bocatero   19

Macuquino   23

Más manoseada que flor de velorio   25

Bobo   27

Le sacó cuatro cabuyas   31

Matrimonio de capuchinos   33

EL chlpichipe: caldo y moneda   37

Extranjero, jurungo, forastero, forástico y navegao   41

A la ley de Bayona   45

A llorar al Piache   47

No lo salva ni Frila   49

Más viejo que el mono de Gasparico   53

Más malo que Pitre   57

Con más bolas que el puente de Juangriego 61

¡Lo pegaron! 63

Con cara de burro embarcado 67

Pescao salao pa Coche 71

En La Asunción, hasta los mangos son bachilleres 75

Con más resaca que la mar de Guacuco 79

Y no tener a quien volver los ojos 81

Un muchacho de antier 83

El que se sienta en ture no se casa 85

¡Se fue a Burro! 87

Lo que comió el padre en Barrancas 89

Salió como lancha cochera 91

Más fea que Punta Mosquito con chubasquería 93

Mono que se suelta a esta hora, pa' co'gelo cuesta 95

Dios es más grande que Manuel Mata 97

Ni cuando "La Loca" 99

Un tiro y a Polanco… ¡que voy guisao..! 101

Ya esa… y la hueva de Mencho 103

¿Y tú crees que yo soy del Maco...? 105

Como en la noche que parió Tomasa 107

Arrura… Guanaguanare..! 109

¡A tierra… que la mar ta' buena!   111

Otros dichos y expresiones   113

Los nombres afectivos   115

Sobre el autor   123

PRESENTACIÓN

Rosauro Rosa Acosta siempre mantuvo una relación muy próxima con la gente sencilla del pueblo. Una relación franca, abierta, incrementada por el trato cotidiano, que, no en balde, Rosa Acosta, era uno más de los tantos muchachos que crecieron en el puerto.

Así, poco a poco, en la conversación del día a día, en la escucha atenta durante las faenas, los velorios, los festejos, el escritor se fue adueñando de las palabras, de las expresiones, de los refranes, los dichos que el margariteño usa o usaba para comentar, reclamar, aconsejar, bromear.

Inquieto, sediento de curiosidad y de saber, preguntó, leyó, hurgó en las reseñas que legaron los primeros viajeros de Indias, en los informes de visitantes de lejanas tierras, en los comentarios a pie de página que los actores principales de nuestra independencia dejaron en los libros de historia; en los viejos folios amarillentos de periódicos y asientos parroquiales y judiciales; y fue descubriendo - a la par de oscuros y olvidados capítulos de nuestro pasado- el origen de muchas de esas expresiones que aún hoy en día repetimos en la Isla.

Poeta, artista, al fin y al cabo, Rosauro Rosa Acosta, con el material colectado no hizo un acto de taxidermista, una disección fría, semántica de esas palabras que recogió, como es usual en muchos manuales de inventarios de refranes y expresiones. Todo lo contrario. La información, los datos, la investigación han sido los elementos - los colores del pintor, las cuentas del orfebre - que ha usado para reconstruir y ofrecernos, en "La Isla y sus Decires", el alma misma del gentilicio margariteño. El retrato redivivo de esos hombres y mujeres orientados al trabajo; capaces de levantare una y otra vez en las miserias y desventuras; religiosos y supersticiosos a la vez, alegres en las parrandas y diversiones, que no abandonan su humor punzo-penetrante ni aún en la más caustica de las desgracias.

Arnoldo Rosas

Caracas, junio 2012

LA ISLA Y SUS DECIRES

BOCATERO

BOCATERO, es expresión o vocablo muy margariteño, hoy casi en desuso. Antaño se utilizó el calificativo para señalar a aquellos individuos que públicamente hacían alarde de sus relaciones íntimas o a los que no conocían los términos prudencia o secreto.

¡Cuídate de fulano que es un bocatero!; era la advertencia de las madres a sus hijas casadas o casaderas.

El primero que por estas islas mereció el adjetivo fue JUAN DE ZODO, capitán de una nave trasatlántica que cubría la ruta de Sevilla a Cubagua.

En unos de sus viajes trajo en su nave a varias mujeres que se aventuraban en búsqueda de prosperidad en la Isla de las Perlas. Entre esas damas resaltaba por su hermosura y juventud Juana de

Aranda, nativa de Alcalá Real y casada allí con Juan de Saladar, tabernero, y quien luego se convirtió en elemento de mala estirpe.

Huyendo de su esposo llegó a Sevilla y contrató pasaje con Juan de Zodo, listo para zarpar a América. Quería llegar a Yucatán, pero el piloto sólo le ofreció «por catorce pesos, pasaje y comida hasta Santo Domingo». Ya en alta mar resolvieron llegar directamente a Cubagua.

En Nueva Cádiz, el arribo de las damas causó cierto júbilo entre los empresarios y comerciantes perleros. Lo que dio motivo para que Zodo aflojase la lengua, contando, en alta voz y sin recato, todo lo que había conseguido en pleno océano con las mujeres del pasaje.

Las aseveraciones desvergonzadas de Zodo le fueron comunicadas al Alcalde Pedro de Herrera, quien abrió proceso contra el marinero el 12 de julio de 1529 y dictó sentencia el 20 de agosto siguiente.

Al ser interrogado en el Tribunal, Zodo reveló con orgullo que «tanto en Sanlúcar, como en alta mar se echó con ella, es decir con la Aranda, y así mismo con las otras que venía en el barco, que a todas las hizo suyas y no las tomó por la fuerza».

El Alcalde Herrera expulsó a la Aranda y multó a Zodo, al igual que a otras parejas enjuiciadas por mancebía.

Cuando la Aranda fue detenida, su patrimonio consistía en una saya de paño de Valencia, un sayuelo de terciopelo y un anillo de oro, según afirma Otte en su interesante libro "Las Perlas del Caribe. Nueva Cádiz de Cubagua".

Zodo, capitán del galeón "SAN ANDRÉS", según la misma fuente, era casado en el puerto de Santa María. Tenía cinco hijos, dos de ellos tripulantes del dicho buque.

☐

MACUQUINO

Con esta palabra se calificó hasta hace poco tiempo en la Isla al individuo de hombría entredicha. A los muy atildados en el hablar y los modales. A los "muy perfumados", a los "muy físticos". A los alejados del trato femenino. A los de voz susurrante y ojos adormilados. A muchas damas se le aplicó también la palabreja.

Se les comparaba con cierta moneda antigua, de oro o plata y de corto valor: 8 reales, que puso en circulación el gobierno español, las cuales eran al principio de «de grosor uniforme, redondas y de hermosa apariencia… Algunas llevaron en el anverso 3 flores de lis».

Ciertos tratadistas aseguran que la voz es de origen árabe, otros que es castiza y significa "irregular".

Surgida la Independencia se agotó la moneda española y fue autorizada la acuñación en Caracas. Lo mismo se hizo en Nueva

Granada, en Cundinamarca. La moneda salió imperfecta y dio origen a la falsificación.

Margarita sufrió duramente por la invasión de la moneda falsa. Nadie quería introducir productos a la Isla, y quienes se aventuraban se negaban a recibir en pago dichas piezas.

La desesperante situación que sufría nuestra Provincia por esta causa la planteó ante el Congreso de Angostura nuestro Diputado José de Jesús Guevara.

El 15 de febrero de 1820 el Congreso conoció el asunto y se ordenó con la urgencia del caso pasarlo a una Comisión especial presidida por el Licenciado Ramón García Cádiz.

El 27 de marzo de 1820, el Congreso conoció también de un documento remitido por todas las autoridades de Margarita, donde se pedía que «se amortice la falsa moneda macuqui¬na que circula en la Isla». La Magna Asamblea resolvió:

«Recoger, en un lapso de quince días la moneda falsa macuquina que exista en la Isla, la cual se recibirá por el valor que tenga al momento de la operación en su cambio por buena moneda corriente... Pasados los quince días para la recolección, queda prohibida bajo los términos de la ley, la circulación de dicha moneda, y no se admitirá ninguna cantidad que se presente».

MÁS MANOSEADA QUE FLOR DE VELORIO

Expresión ya poco usada, pero que, en tiempos cuando la devoción a la Santa Cruz se cumplía con gran fervor y desprendimiento, y no había ni siquiera el intento de convertirla en festividad mercantil, tuvo vigencia.

La frase se aplicaba a las mujeres solteronas que habían tenido muchos novios y aún abrigaban esperanzas de subir al altar «con velo y corona».

La "flor del velorio" era el tributo material que los cantadores ofrendaban a la Santa Cruz al terminar la salutación al sagrado símbolo.

La dueña o dueño del Velorio o la encargada o encargado de la devoción entregaba una flor natural o de papel al cantador «que rompía el canto», y éste la sostenía en alto y la mostraba a la Cruz, y al terminar su décima de salutación y presentación la entregaba al cantador que seguía "en la rola"; y así, hasta llegar al último, que era para el momento el más afamado en esos torneos de improvisación de versos y melodías. Éste al concluir su "quintilla", colocaba en el centro de la Cruz, la "flor del velorio".

Como bien se ve, la dicha flor pasaba por manos de seis o más participantes en el Velorio de Mayo.

Cuando se anunciaba en la comunidad la boda de alguna de esas muchachas o mujeres enamoradizas, el comentario pueblerino remataba con la frase:

¡Esa está más manoseada que flor de velorio!

BOBO

En la Isla parece que se acabaron los BOBOS. Aquellos tipos elementales impregnados de ingenuidad, sencillez y bondad. Incapaces de realizar maldades. Dotados de pensamientos puros. Dados a la contemplación. Soñadores. Sanos de mente y alma. Confiados y serenos. Rodeados de una aureola de candor. Como atados al rumor de una música inaudible a oídos mundanos que los transportaba a un mundo de signos y de cosas hermosas de color, de figuras, de ecos celestiales.

Había también la Isla animales BOBOS. El más conocido era el pájaro marino que con sus chillidos y aleteos anunciaba la presencia de los cambotes sardineros, del cual se aprovechaban alcatraces, gaviotas y cotúas.

Él, apenas, del festín, conseguía las migajas que arrancaba del pico o del lomo de los pelícanos o de la donairosa tijereta.

Luego del cansancio de la chillería y de los constan¬tes vuelos, se acercaba a las jarcias o a las bordas de las embarcaciones y allí era presa fácil de muchachos traviesos.

Los zoólogos agrupan al Pájaro Bobo entre las palmípedas de pequeño tamaño; negro el pico, negro el lomo, blanco el vientre y el pecho y las puntas de las alas. Torpe para andar y volar y se deja coger fácilmente.

La copla playera lo retrata:

"Entre gaviota y gaviota
BOBO no puede "picar",
porque le pueden sacar
dentro el buche la "pelota".

El ingenio margariteño calificó de BOBO a ese tipo a quien los filósofos agrupan entre los practicantes del "amor platónico".

La "gaita" lo exalta:

El BOBO que se enamora
de una muchacha bonita,
y todo el día la visita,
y cuando la ve, se azora
El BOBO pierde la hora
de decirle «¡tú me agradas!»

La muchacha fastidiada

le dice: «voy a dormir».

El BOBO se vuelve a ir.

Se va sin decirle nada.

Ya no existen los BOBOS, es decir, los humanos. Abundan los Vivos, los Aprontados, los Despiertos, los "cache e Nácar" o los que "Saben Vivir".

LE SACÓ CUATRO CABUYAS

CABUYA es voz aborigen. El sabio Lisandro Alvarado afirma que es de origen taíno y que la adoptaron los caribes y otras tribus americanas. Es el mecate de los aztecas.

La cabuya es una cuerda o cordón que los indígenas fabricaban con la fibra de la cocuiza.

La cabuya, dice el Diccionario, es la pita con que se fabrican cuerdas y tejidos.

En nuestros hogares es indispensable para colgar los chinchorros o hamacas; entonces reciben el nombre particular de "hicos".

En la marinería y en la pesca son de gran utilidad las cabuyas. En los "mandingas o chinchorros" son largas y resistentes para sostener las pesadas y extensas redes.

Como medida de longitud expresa la distancia de una embarcación a otra o a algún paraje de la costa.

En las "regatas" entre las "piraguas caladoras" para llegar a las sitios de avance de los cardúmenes, la primera en el arribo, le sacaba a la otra "unas cuantas cabuyas".

En antiguos documentos de ventas o adjudicación de terrenos, se expresa la extensión de dichos predios "en cabuyas".

En una de esas escrituras encontramos la explicación que, «cabuya es la medida equivalente a 40 varas castellanas».

Los pozos de esas posesiones eran de dos tipos: los corrientes y los "pozos de cabuya".

En sentido figurado, el término cabuya, figura en muchas expresiones o decires:

"De esa cabuya tengo yo un rollo".
"Lo amarraron con cabuya corta".
"Más es la bulla que la cabuya".
"A esa mujer le gusta mascarse la cabuya".

MATRIMONIO DE CAPUCHINOS

En eso del matrimonio, el margariteño ha sido siempre arisco.

Desde los primeros tiempos de Cubagua y Margarita, Obispos y Visitadores dejan constancia en sus Informes de «esa relajación de las costumbres», «de ese mal vivir en mancebía» en que incurrían gobernadores, jueces y alguaciles y casi todos los vecinos, dándose al caso que, muchos de ellos casados en España, habían abandonado a sus esposas y vivían en estas islas con dos y hasta tres indias sin temor al castigo de Dios.

En Margarita dio el mal ejemplo su primer teniente de Gobernador, Don Pedro de Villardiga, quien se unió en concubinato con la portuguesa Maty Fernández, mujer casada; y entre los dos trataron de asesinar al marido, Alonso Mota, a quien antes mofaron e insultaron ;llamándole entro otras cosas «puto viejo».

Por mancebía, muchos gobernadores y otros funcionarios fueron acusados en los "Juicios de Residencia", y sentenciados con multas, expulsión o penas carcelarias.

Para tratar de corregir ese estado inmoral, los Obispos de Puerto Rico, de Guayana…,quienes tuvieron jurisdicción sobre Margarita, hicieron venir a ella, en numerosas veces, grupos misioneros para que ayudasen a los escasos sacerdotes existentes en la Isla, para las prédicas del Evangelio y encauzar a los moradores por el camino de la moral y de los rectos procederes.

En varios pueblos margariteños existen los sitios llamados "Calvario", donde dichos misioneros clavaron cruces altas en prueba de sus Visitas y labor cumplida.

Puerto Cruz, La Cruz Grande, La Cruz del Pastel, deben sus nombres a esa actividad misionera en diferentes épocas.

Los Predicadores, pues, realizaron en la isla numerosas confesiones, bautizos, matrimonios…

Una de las más renombradas Misiones, por la actividad cumplida, tuvo lugar a comienzos de 1899. De sus favorables resultados, es el comentario del semanario EL SOL, de Porlamar, del 18 de febrero del año indicado:

«MATRIMONIOS: en 40 días de estadía en la Isla, de los Reverendos Capuchinos, se han efectuado en ella, dos mil trescientos matrimonios, es decir, el 6% de la población de Margarita. Si a este paso seguimos, para principios de siglo no habrá célibes en nuestra Isla».

Lamentablemente, los Reverendos Capuchinos, tal vez por desconocimiento de nuestras leyes, no solicitaron a los contrayentes el requisito previo del matrimonio civil y, por lo tanto, dichos matrimonios no fueron válidos.

Desde entonces, para expresar que una unión conyugal es dudosa, se dice que es un "**Matrimonio de Capuchino**".

EL CHIPICHIPE:
CALDO Y MONEDA

Chipichipe es voz azteca que significa llovizna. Los cumanagotos dieron este nombre «a la pequeña almeja que abunda en las costas de Oriente, de la que se hace considerable pesca como alimento de la gente pobre», según definición de nuestro sabio Dr. Lisandro Alvarado.

Los guaiqueríes bebían el caldo sazonado con ají chirel, en platos de barro o en totumas, y pregonaron sus virtudes afrodisíacas.

Por esa creencia llegó humeante, en consomé o tortillas, servido en vajillas de fina loza, a las mesas de los ricachones otoñales.

Para hacer "bajar la leche" de las recién paridas lo utilizaban en nuestros hogares.

Al atardecer, ornado con dos "ñemas de gallina", tomaban el caldillo los recién casados.

En las mañanas, despidiendo los olores del mar, pasaban las mareras de Sabana de Guacuco rumbo a La Asunción, pregonando la venta del «chipichipi en concha» y «ejuyao». El primero para el caldo; para guisos y tortillas, el segundo.

Los sabios naturalistas han comprobado las bondades del *Donax denticulatus.*

En la Independencia Insular sirvió para atenuar las carencias de otros alimentos por los bloqueos de sus costas o por las duras e intensas sequías.

Yanes, en su Historia de Margarita, hace constar la desesperada situación de nuestra Isla en 1816, acotados los bastimentos, «la provisión del soldado cuando más era un coco o dos canutos de caña que se distribuían en lugar de pan o vianda o un puñado del marisco que llaman chipichipe que solía cogerse a escondidas en las playas».

Pocos conocen que con el nombre de Chipichipi circuló durante la Guerra Grande, en las Provincias de Barinas, Arauca y Apure, uno moneda de escaso valor, de pésima acuñación y fácil de falsificación.

La pieza en referencia causaba grandes daños a la economía de las regiones indicadas, y el General Páez solicitó ante el Libertador dictase las medidas pertinentes para su prohibición.

Sobre el tema, en larga comunicación, en junio de 1820, Bolívar respondió a Páez: «que los males que Vuestra Señoría representa como consecuencia inevitable de la moneda denominada vulgarmente Chipichipi, han sido remediados del modo que las circunstancias permiten».

Ignoramos si el "chipichipe" era de cobre, plata u oro, pero hoy debe tener gran valor para los coleccionistas.

Pampatar: noviembre de 1993.

EXTRANJERO, JURUNGO, FORASTERO, FORÁSTICO Y NAVEGAO

A esa «gente de por *ai*» o de «otros mundos», de lengua enrevesada y de vestir estrafalario, se les califica aquí de Extranjero.

Esto es desde antiguo. Todos los gobernadores coloniales, en sus Informes de las Visitas Generales a los pueblos de su jurisdicción, señalan si habían encontrado o no extranjeros en la Isla.

Don Alonso del Río y Castro informaba al Rey que al tomar posesión de su mandato había encontrado tres franceses ya casados aquí y solicitaba la aquiescencia de Su Majestad para ratificarles la permanencia debido a que uno de ellos era médico y los otros tejeros, quienes enseñaban sur oficios a los naturales.

Los primeros extranjeros que sufrieron protestas en Margarita fueron los portugueses, presentes desde los tiempos de Cubagua.

Al trasladarse a Margarita multiplicaron a los españoles y cargos de importancia estaban en sus manos: Regidores, Contadores, Alguaciles, Escribanos.

Los españoles denunciaron alarmados esta circunstancia por temor a que la Isla cayese bajo la bandera lusitana.

El termino Extranjero se aplica a las plantas y frutas de cuyo origen no se tiene certeza: Tomate extranjero o tomate España, cereza extranjera (grosella), orégano extranjero (orejón), pepino extranjero…

En cuanto a las personas extranjeras éstas llevan el nombre general de "jurungos", clasificados en "catatés": franceses; "musiús": ingleses; "mocambos": los holandeses.

Sobre esta calificación de Extranjero, el escritor Andrés A. Level, en su interesantísima obra "La Margarita", dice: «provincialismo chocante, único defecto que hallamos en esa gente tan industriosa como honrada y valiente y en el que incurren muchos de nuestras poblaciones, no comprendiendo que el elemento extranjero es uno de los más poderosos resortes del progreso y de la civilización del país».

Establece el referido autor las diferencias que se dan a los vocablos:

FORASTERO: es el que está en la Isla de forma transitoria, y al efecto expresa: «...por lo que en ese Estado (Nueva Esparta) de costumbres patriarcales no se sabe lo que son fondas, posadas ni hosterías, y no se concibe que necesitando algo el forastero, no lo tenga al poseerlo un margariteño».

Forasteros eran los que venían a servir empleos en la Aduana o Salinas, como soldados y oficiales de los castillos o que por cualquier circunstancia arribaban por corto tiempo a la Isla.

Había que tener cuidado con ellos para evitar posteriores lamentaciones. La copla de pilón es testimonial:

"El amor del forastero
es como espina de tuna,
que *jinca* y rueda doliendo
sin esperanza ninguna".

El Forastero no debía intervenir en los asuntos propios de la comunidad para evitarse dificultades. Como ejemplo puede citarse lo asentado por el Consejero Lisboa, quien visitó a Porlamar en 1853 y el pueblo estaba dividido por la escogencia del lujar donde debía levantarse Ir Iglesia. Al ser consultado por vecinos influyentes sobre el particular y al observar lo caldeado de los ánimos se refugió en su condición de forastero y se reservé su opinión.

Los FORÁSTICOS, según Level, son los provenientes de otras partes, pero ya radicados en la Isla con familias e intereses El vocablo se extinguió.

NAVEGAO, aplicado a las personas, es de reciente data. Antiguamente fue usado para distinguir los productos o víveres traídos de la Costa Firme para reemplazar a los "criollos" cuando estos escaseaban por prolongadas sequías.

Navegao eran por lo tanto el ocumo y el maíz cañero, piriteño o cariaco; las cecinas de Chacopata y la carne salada de Barcelona, el papelón del golfo, el casabe de Corta Firme, el gofio cumanés, los aguacates de Río Caribe. Ninguno de ellos pueden compararse en sabor y calidad con los que nuestra generosa tierra produce o los que en ella se elaboran. Por eso decimos con amplio orgullo: "ají criollo", "sancocho de gallina criolla", "frijol con auyama criolla", plátano mocomoco, papelón fuentero, níspero vallero, casabe de La Asunción.

I esto porque sus frutos, pescados, carnes de animales silvestres o domésticos, la tierra les insufló dulzores y sabores exquisitos que ya pregonaron los Cronistas de Indias en sus notas referenciales sobre Margarita.

Pampatar, agosto de 1993.

A LA LEY DE BAYONA

Bastante antigua esta expresión en Margarita. La dejaron los españoles. Se usa para indicar le vida libertina, sin control y sin respeto de algunas personas, especialmente de los jóvenes.

Debe ser un variante de: ¡**ARDE AYONA**!, que según el Diccionario de la Real Academia de la Lengua es «expresión figurada y familiar con la que se denota el poco cuidado que a uno se le da de que se gaste mucho en alguna cosa».

Su origen debe remontarse a los tiempos de la dominación francesa en España, en los años 1806 a 1813.

Cuando en alguna de nuestras viviendas te afirman que uno de sus familiares anda a **LA LEY DE BAYONA**, está diciendo que esa persona perdió el camino de la virtud y siguió por el del vicio, la irresponsabilidad o la jaquetonería.

A LLORAR AL PIACHE

El cerro de El Piache está en la jurisdicción del Valle del Espíritu Santo o Valle de Nuestra Señora o en el Valle de la Margarita, que con todos estos nombres se le designa en viejos infolios.

Desde los tiempos de la Colonia, las autoridades españolas tomaron severas medidas para evitar que, en una cueva existente en el mencionado cerro, se congregasen los guaiqueríes para la práctica de sus ritos y hechicerías.

La cueva – afirman - era la vivienda o morada del Piache, gran señor de la tribu, a quien se confiaba el cuidado de la salud y el destino de los miembros de la familia.

Refieren que en noches de luna, de todos los puntos de la Isla, concurrían los aborígenes y, al son de tambores y botutos, danzaban durante muchas noches y días y emitían gemidos y llantos por la pérdida de sus tierras, por el trabajo forzado en las pesquerías de perlas, por la caza, herraje y venta de sus hermanos…

A LLORAR AL PIACHE, o a llorar al Valle, se le dice siempre a quien hace públicos sus lamentos o pesares.

Pampatar, noviembre de 1993.

NO LO SALVA NI FRILA

Guando alguien se encuentra en una situación embarazosa, donde no hay escapatoria posible; o cuando su caso no tiene solución favorable; o cuando alguna persona se encuentra al borde la muerte, se aplica esta vieja máxima margariteña: **«¡No lo salva ni Frila!»**

La sentencia tiene su origen en los acertados diagnósticos del reputado módico inglés J. E. Freeland, quien un día del lejano año de 1887, arribó, acompañado de su esposa, conocida popular y cariñosamente como LA MADAMA, a Pampatar, y en dicho puerto estableció, en el hoy edificio de la Aduana, Consultorio y Botica.

J. S. Freeland M.D.C.N., como aparece su firma en documentos de la época, era Doctor en Medicina y Cirugía. Por las grandes curaciones y asombrosas operaciones que realizó, extendió su fama por toda la Isla y por las regiones de la Costa de

Paria y otros pueblos del Oriente, donde la pregonaron margariteños agradecidos.

Aunaba a sus blasones científicos una aureola de bondad y filantropía, que le hizo merecedor del aprecio del pueblo insular... Pero...

Mr. Freeland, es el primero y quizás el único médico que en esta tierra haya demandado judicialmente a un paciente por el pago de honorarios.

El señor Quijada, nativo y vecino de uno de los pueblos de la Banda del Norte, marinero y comerciante, enfermó de cuidado. Los medicamentos caseros no surtieron efectos. Los brujos y curiosos no le hallaron ninguna enfermedad. En la Capital de la República afamados galenos, después de largos tratamientos terminaron desahuciándolo. Regresó a la Isla a terminar sus días. Un amigo le recomendó que fuera a Pampatar a verse con el Dr. Freeland, que según decires, era milagroso. I así lo hizo. Freeland, después de un largo y minucioso reconocimiento, le dio esperanzas. I a los pocos meses ya Quijada era un hombre nuevo al frente de sus ocupaciones. Lo preocupaba un poco la cuenta del Doctor Freeland: Bs. 2.460 ó su equivalente en 30 onzas de oro, que para aquella época de 1888 era toda una fortuna.

Para 1890 la cuenta por honorarios y medicinas estaba aún pendiente. Quijada justificaba su atraso en los nulos negocios, deudas anteriores, presiones de casas comerciales, etc. Pero el Doctor no esperó más y le dio poderes al Procurador Don Ángel Víctor Mata Godoy para iniciar juicio contra Quijada. El Tribunal de Santa Ana del Norte conoció del caso, y a los pocos meses, quedaban embargados los conucos El Toco y Varadero y las cosechas de maíz que el paciente tenía en el puerto de Manzanillo.

Quijada canceló así la cuenta del médico y de las medicinas que le salvaron la vida.. ero de los abultados pagos de costas procesales, de los honorarios del Procurador y de los emolumentos de peritos y evaluadores, que resultaron de la demanda "**¡no lo salvó ni Frila..!**"

Porlamar: junio de 1971

MÁS VIEJO QUE EL MONO DE GASPARICO

La laguna y los cerros de Gasparico están frente al mar de Guacuco, bordeados por la extensa playa, que nace en Punta Ballena y va a morir cerca de El Tirano.

Un trozo de salina le sirve de espejo, y las aguas del riachuelo de La Asunción, en épocas de fuertes lluvias, le traen canciones de montañas y aromas de frescura.

Un intrincado bosque de guatacare y yaques, güicheres y dividives puebla la empinada colina, donde el viento corre a su antojo sacudiéndose la sal y el sabor a espumas que trae de Mar adentro.

La laguna, rodeada ayer de mangles y uveros, era rica en lebranches, garzas, cucharones y patos.

Gasparico fue posesión del indio, a quien le dieron ese nombre., cuando lo bautizaron en la doctrina. Después por

.despojo pasó a manos de blancos ricos y poderosos, que allí fundaron hatos y labranzas, Los cerros le suministraban la leña y el carbón para la hacienda y abundantes piezas de cacería: palomas y tutueles, conejos y hasta venados de arborizantes cuernos para el diario condumio.

Aseguran que había madera de todas las clases, desde el durote de fuerte corazón hasta el manzano de reluciente veta. Madera para los barcos y las construcciones hogareñas; que el hacha fue despoblando lentamente hasta dejarlo reducido a pequeñas manchas. I hubiese sido talado en toda su amplitud a no ser por la intervención de un amigo de aquellos parajes: un hermoso ejemplar de los cuadrumanos, que de manera súbita apareció por aquellos contornos.

Dicen, que cuando este animal oía el golpe del hacha, se venía sobre el leñador dando alaridos y mostrando amenazantes garras.

Los leñadores huían despavoridos para contar después el raro encuentro con el MONO DE GASPARICO. «Alto, cuadrado, de pelambre cono espinas, tan grande como un hombre». I así sucedió por más de una vez, por centenares de veces.

La rara aparición del cuadrumano empezó a tejer hipótesis en las mentes de los pobladores. Se habló de un "hombre disfrazado", "de cierto campesino que practicaba la magia negra",

De un mono que se soltó de algún barco y ganando la costa se refugió en el cerro". O que vino -viajero solitario -"sobre un tronco cuando alguna inundación del Orinoco". Pero los más aseguraban que "era el ánima de su antiguo dueño, que de esa forma .protegía de intrusos sus amadas posesiones".

Cierto es que avezados cazadores le montaron guardia por días y por noches; que le dispararon en numerosas veces y hasta en cierta ocasión se habló de su segura muerte. Pero cuando los leñadores volvieron a remontar la colina y los troncos y arboles empezaban a caer abatidos por los golpes de machetes y hachas, en pleno corazón del bosque se oyeron nuevamente los gritos del mono. I muchos lo vieron ya de "pelambre canosa, cansado, flaco, pero siempre agresivo."

El cerro está ahora cubierto de manchas grises. Pasa el viento sacudiendo las ramas esqueléticas de yaques y dividives, y agitando las compactas cepas de tunas y cardones.

La laguna se secó y el río hace años que olvidó su canción de montañas. I en el tiempo, la gente también ha olvidado la leyenda del "Mono de Gasparico", fiel protector de árboles y pájaros...

1 de Julio de 1989.

MÁS MALO QUE PITRE

El nombre de Pitre se sembró en las mentes de la gente insular con su terrífica aureola de maldad y exterminio.

Se contaba que su alma vagaba haciendo daños por pueblos y campos.

Dicen que le .gustaba raptar niños para sacarles los corazones y beberse la sangre. Era terror de viajeros y caminantes.

Se le podía encontrar recostado al tronco de cualquier árbol o con los brazos abiertos impidiendo el paso a la entrada de conucos o huertos. O estremecía con furor - a plena media noche - los barrotes de los calabozos del castillo San Carlos de Borromeo.

Más de un centinela abandonó su puesto de guardia ante la presencia del fantasma que le pedía el fusil.

O le gustaba trotar por las sinuosas calles del puerto precedido de un lúgubre ladrido de perros.

Podían encontrarlo los pescadores en las horas de hacerse a la mar, al lado de sus embarcaciones, contemplando el espacio de la bahía.

Lo describían como un negro alto, de fornido cuerpo, pañuelo rojo en la cabeza, tintineantes argollas en las orejas, enrevesados tatuajes sobre los brazos y en el pecho, con fuego en los ojos como de ardentía.

Nadie ahora se acuerda del fantasma y la expresión:"**Más malo que Pitre**". ya no se menciona en las conversas populares ni en los cuentos y relatos de velorios de difuntos. Se perdió en el tiempo el recuerdo ingrato de su figura y de su nombre.

El NEGRO PITRE, el personaje a quien la leyenda adornó con todos los elementos de la maldad y ubicó al lado del Tirano Aguirre, existió realmente.

Era marino de la Isla de Haití. Capitán de grandes conocimientos de la navegación; audaz y de valor extraordinario. Abrazó la piratería y fue terror del Mar Caribe.

Por los años de 1815 y 16 merodeó por las aguas cercanas a la Isla y le hizo mucho daño a los barcos que traían recursos para el ejército y para los habitantes de Margarita.

Naves de la Flota Sutil le dieron caza y lo trajeron al puerto de Pampatar.

El Almirante Brión "le hizo seguir juicio. El Tribunal lo encontró culpable de numerosos delitos y lo sentenció a la pena de muerte. Los demás tripulantes de su buque pagaron meses de prisión en el Castillo."

Míster Pitre murió ahorcado en Pampatar, en los primeros días de febrero de 1817.

CON MÁS BOLAS QUE EL PUENTE DE JUANGRIEGO

Lo empezaron los vecinos en 1894 y llevó por nombre el puente de "las Piedras" y quedó inconcluso. Más tarde, la Sociedad Patriótica "Bolívar", integrada por jóvenes progresistas, logró ponerlo en condiciones para el trafico de peatones.

Los vecinos se jactaban en decir «que era el puente más grande, más alto y más bello» de los existentes en Margarita. Ocho arcos sostenían la estructura de la obra. Era – según ellos - «sólido y bello».

Para 1923 el tiempo lo había deteriorado en alto grado, razón por la cual el gobierno Estadal, regentado por el General José María Bermúdez, ordenó la pavimentación y ornato del aludido puente.

El 19 de diciembre, día consagrado al Benemérito General Juan Vicente Gómez, fueron inauguradas dichas obras y al puente se le dio el nombre de "Adrián".

El 29 de abril de 1939, el Presidente de Nueva Esparta, José Asunción Rodríguez, decretó la reconstrucción de esa obra, reforzando sus bases, estribos y arcadas, aumentando su anchura, poniéndole nueva plataforma y barandales adecuados.

A los barandales se le colocaron como motivo de ornamentación varias esferas de cemento, lo que trajo como consecuencia que el pueblo bautizara a este pontón con el nombre del "Puente de las Bolas"

Cuando alguien realiza una empresa fuera de lo común o cuando manifiesta ideas o acciones exageradas, surge la expresión de admiración o de reproche:

«TIENE MÁS BOLAS QUE EL PUENTE DE JUANGRIEGO»

¡LO PEGARON!

Expresión muy peculiar de las margariteñas para justificar el abandono de sus maridos o concubinos, cuando se fueron impulsados por las sequías o agotamiento de los ostrales o llevados por la fuerza de las reclutas, y se adentraron por los caños del Orinoco, los campos petroleros, las playas de Falcón o Carabobo y las islas extranjeras, y no regresaron ni en las fechas clásicas para el retorno: "las fiestas de la Virgen del Valle", "Pascuas y Año Nuevo" o la "gravedad y muerte de los padres".

¡Lo Pegaron! Siempre hubo una india guaraúna, una guajira o una negra macamba de las Antillas holandeses, que les endureció el corazón, le cerraron los ojos y las mentes y les hicieron olvidar para siempre la isla de la nacencia.

No les valió de nada las oraciones a San Antonio, las novenas a "San Juan Salazar el desertor de Güigüe", los alumbrados a las ánimas benditas del purgatorio, todos los lunes, la invocación "por siete noches" a las "Tres Divinas Personas", ni los trabajos que para el "despegue" practicaron las "facultas" de la materia.

¡Lo pegaron! La expresión llevó siempre una significación de tristeza, de abandono. Un sello de resignación y desesperanza.

Pero esta situación de las margariteñas la sufrieron también las españolas por causa de nuestras paisanas en los tiempos de Cubagua y principios de la Margarita,

Muchos peninsulares que vinieron a la aventura de las perlas, siendo casados en España, se amancebaron con indias guaiqueríes y cumanagotas y no volvieron al lado de sus legítimas mujeres.

Entre los muchos está Femando Gallego. Recién casado y en busca de mejor destino se vino a Nueva Cádiz y prometió a su mujer mandarla a buscar muy pronto. En el primer navío.

Al año de ausencia escribió a su consorte y le ratificó la promesa de ir por ella en el primer navío.

La esposa de Gallego, vecina de Sevilla, cada vez que veía entrar un buque al puerto corría a la playa esperanzada con el retorno de su marido. Eso lo hizo por siete largos años.

Un día, con los ojos cansados de tanto ver el horizonte, ocurrió ante Su Majestad, y llena de lágrimas le contó sus cuitas. Fue tan patética su narración, que la Reina, por Cédula dada en

Madrid el 11 de marzo de 1536, se dirigió a las autoridades de Cubagua, ordenándoles, «que dentro del plazo de un año, en el primer navío, el dicho Fernando Gallego venga por su mujer Isabel Bernal para que la lleve a hacer vida con ella, y que antes le envíe la cantidad que vos pareciere, para que entretanto la lleve, se pueda sustentar».

Notificado Fernando, y antes de que se cumpliere el plazo ordenado por la Reina, se pasó con su india manceba a Margarita y se internó con ella, y con la complicidad del Alcalde y Alguaciles, quienes se encontraban también incursos en el mismo delito.

Fernando se estableció en un sitio alto de la Banda del Norte y allí fomentó familia, labranzas y crías.

El sitio se llama hoy el Alto de Gallego, en la jurisdicción del Municipio Gómez.

Isabel Bernal, mirando el puerto, murió de tristeza, convencida de que a Fernando "lo pegaron'" en Margarita.

La Isla, también mujer, al fin, "ha pegado" a muchos que "por un ratico" llegaron a sus playas.

CON CARA DE BURRO EMBARCADO

Se compara así en Margarita a las personas de rostro adusto, de compostura austera. Se decía de los Jefes Civiles o Jueces de la época gomecista o de los pulperos enemigos del fiado.

Los embarques de burros o la exportación de estos animales a la Costa Firme o a las Colonias extranjeras era operación común y corriente en nuestros puertos.

Los jumentos margariteños gozaban de gran fama en aquellos lugares por su fortaleza para resistir pesadas cargas y por la dureza de sus cascos, aptos para trepar cerros o parajes difíciles.

Una manera singular de valorar los burros era por "el canto". Un borrico de fuerte y prolongado rebuzno llegaba a alcanzar alto precio. De ahí la expresión: «canta más que un burro de cuarenta pesos».

A la independencia insular los burros dieron también su aporte tanto en el transporte de armamentos y víveres como en la conducción de heridos y muertos.

Consta en la Historia insular que, el General Arismendi, con el objeto de presionar la salida de los realistas lo más pronto posible, dio la orden de recoger la mayor cantidad de burros y en dos goletas los mandó a vender en las islas de Martinica y Guadalupe, y con el producto adquirir harinas, armas, víveres y algunas piezas de coleta.

Al regreso de las embarcaciones la harina fue repartida entre los vecinos y con las piezas de la basta tela y los sacos las mujeres confeccionaron costales adecuados, que en operaciones nocturnas los soldados llenaban con sal en las minas de Pampatar y con las precauciones del caso, vaciaban en los pozos que abastecían el castillo san Carlos.

Muy pronto dio resultado la treta de Arismendi. Pardo informaba al Capitán General de Venezuela: «los pujos y disenterías hacen algún estragos en nuestras tropas, de manera que cada día se aumentan nuestras bajas…» I más adelante expresa: «si los enemigos logran forzar la línea y me inutilizan los dos únicos pozos que tengo, quédanos perdidos…»

En noviembre de 1816, el día 3, al filo de la madrugada grande, los españoles abandonaron la Isla. Pardo y sus oficiales llevaban **«cara de burro embarcado»**.

Pampatar, junio 1992.

PESCAO SALAO PA COCHE

La Isla de Coche, «seca, desaprovechada e inútil», según afirmación de los primeros Cronistas, no lo fue tanto en los dos últimos calificativos. La Historia nos demuestra que, luego de Cubagua, sus ostrales engrosaron de manera extraordinaria las arcas reales y sirvieron de sustentación económica a los gobiernos de Margarita y Cumaná, al igual que a comerciantes de Caracas que allí establecieron casas y canoas.

Agotados los placeres perlíferos, la pesca de peces se incrementó, aunque ya en tiempos de la Nueva Cádiz surtía a la población cubagüense.

Más adelante empresas de ricos comerciantes margariteños, principalmente del puerto da Pampatar, se radicaron en el islote. Maneyro, Silva, Frontado, Aguirre, Villalba, mantenían rancherías previo el pago de impuestos o arriendos.

Depons y Lavayse dejan amplia información de las actividades de esta industria, de la abundancia de la producción, de la cantidad de hombres dedicados a la faena, de la condición del trabajo, de las descomunales redes, de las especies cosechadas.

En 1811, el Congreso de Venezuela, somete la isla a la jurisdicción de Margarita, pero con la condición expresa de que las demás Provincias puedan ejercer en Coche libremente la pesquería y aprovechar los pastos para los ganados.

Durante la Independencia sus trenes aprovisionan a nuestro ejército y a las embarcaciones de la Escuadra. Lisas y lebranches salados. En los tendederos se orean millares de arrobas conservados por la sal de excelente calidad que en ella cuaja.

Por los años 1829 y 1830, empresarios de toda Margarita y de las regiones costaneras del Oriente se disputan los pesqueros, "se fomentan desórdenes en el islote", informa el Gobernador de Margarita. Por la pesca la isla se puebla definitivamente.

El pescado salado de Coche se llevaba a todos los puertos venezolanos y a las colonias extranjeras.

Famoso por su calidad. Ya Arias de Robles, de los primeros pobladores de Cubagua, en 1518, había exportado a Santo Domingo unas cuantas arrobas de lisas saladas beneficiadas en el peñón cochense.

En Coche hay pescado salado en abundancia. Cuando alguien regalaba objetos que ya se poseían o cuando a las casas se llevaban cosas que no hacían falta, surgía la expresión: «Dígame eso.., **PESCAO SALAO PA COCHE**..», ya casi extinguida del refranero margariteño.

EN LA ASUNCIÓN,
HASTA LOS MANGOS SON BACHILLERES

Difícil averiguar quién implantó en Margarita la primera escuela pública o quién se ocupó en forma privada del noble menester.

La enseñanza elemental y de gramática, da manera oficial, estuvo a cargo de los religiosos de los Conventos de San Francisco y Santo Domingo, establecidos en la Ciudad, ya que estaban obligados a ello por las Actas Constitucionales de dichas Instituciones.

Capuchinos y Predicadores, pues, en la ciudad de La Asunción de Nuestra Señora, prepararon a numerosos jóvenes que, a completar estudios, de acuerdo a sus recursos, iban a los Seminarios o Universidades de España, Santo Domingo, Caracas o Puerto Rico.

En la Universidad de Osuna cursó Cánones Diego Núñez Brito, nativo de La Asunción y después Cura y Vicario de ella. Y en Sevilla y Salamanca continuaban carrera eclesiástica el hijo de Melchor López y otros hijos de vecinos honrados de la misma ciudad, según informe de 1603.

Don Pedio Martínez de Oneca en su informe al Rey de su Visita Pastoral a los Anejos Ultramarinos, dice que «renovó y puso en ejercicio el estudio de Gramática… pues la Margarita es de los territorios en que se han criado más clérigos de presente, y no de menos esperanzas para un adelante».

Don Lino Cañedo en su obra *Los Archivos de Venezuela*, inserta una larga lista de margariteños que seguían estudios, por los años de 1700, en el Seminario de Caracas.

Preocupado por la enseñanza elemental fue el Gobernador de Margarita Don José Matos, quien en julio de 1765 pedía al Rey, que por los religiosos dominicos y franciscanos que hay en la ciudad de La Asunción, se la provea de escuelas para niños y estudios de latinidad y materias morales.

I en 1767 solicitaba el sueldo de 125 pesos anuales para un maestro de primeras letras y la autorización para mandarle a construir una escuela y vivienda.

En junio de 1827, el Concejo Municipal de La Asunción, protestaba ante el Libertador la disposición del gobierno de la Gran Colombia, de que los recursos que aquí se habían reservado para fomentar escuelas fueran a ingresar les fondos para la creación de un Colegio en Cumaná.

Manuel Maneyro, Gobernador de la Provincia, puso todo su empeño en que la capital de la Isla se fundara un Centro de Enseñanza Superior. Lo logró con el apoyo de nuestro Representante en el Congreso Nacional, el ilustre Fermín Toro. El 5 de julio de 1833 es decretaba el Colegio Nacional de Margarita. Abrirá sus puertas varios años después.

Maneyro reparé el antiguo Convento de San Francisco que le sirvió de sede y logró, no con pocos esfuerzos, contratar Rector y profesores idóneos. El Colegio contó con escuela primaria, cursos de filosofía, Escuela Náutica y de Dibujo.

Estudiantes de toda la isla y de otras regiones del país cursaron en dicho Plantel. Profesores de gran renombre dictaron ahí sus lecciones y cada año egresaban del Colegio Nacional de La Asunción Bachilleres en Filosofía y otras Ciencias.

La Ciudad ha producido en todos los tiempos hombres de gran ilustración en tanta abundancia cono las cosechas de sus exquisitos mangos de las feraces huertas que establecieron sus primeros vecinos.

Por lo tanto constituye orgullo para la noble ciudad el reconocimiento popular en la axiomática frase de que:

«¡EN LA ASUNCIÓN, HASTA LOS MANGOS SON BACHILLERES!»

CON MÁS RESACA QUE LA MAR DE GUACUCO

Guacuco es mar rugiente, de alto y fuerte oleaje y de peligrosas correntadas. El viento sopla duro y hace riesgosa la navegación y las faenas de la pesca. Guacuco es mar profunda. Desde la misma orilla pueden sentirse y contemplarse sus hileros.

Extensa la playa, donde a diario varan troncos, ramas, frutos que las crecidas de los ríos de la Costa Firme arrastran al océano, o desperdicios que en alta mar arrojan veleros y trasatlánticos.

Abundan en sus orillas moluscos y crustáceos que en todos los tiempos han contribuido a la alimentación de pueblos aledaños.

Altos y compactos concheros afloran en los bancos de arena como demostración de que en lejanos tiempos grupos humanos moraron por esos litorales.

GUACUCOPATARE es el nombre con que se le distingue en la antigua toponimia insular .Tal vez predio de algún cacique de ese nombre, señor de la sabana y la ribera.

Por la playa de Guacuco, por el rumor de sus marejadas, se guiaban para sus siembras nuestros agricultores. «¡Si truena Guacuco, invierno maluco!» y eran cautos en abrir surcos y regar semillas al comienzo do las garúas.

Por esa costa, en tiempos de la Independencia, descargaban - al amparo de la oscuridad - nuestras embarcaciones armas y víveres; y escaparon varios oficiales a los Colonias cuando el ensañamiento de Urreiztieta y de Pardo.

A raíz del asalto al Castillo de Santa Rosa, un piquete patriota, a la altura de Los Cerritos, se trabó en feroz lucha con una avanzada española, a la cual derrotó. Los realistas fueron perseguidos hasta la playa de Guacuco y obligados a tirarse al mar donde todos se ahogaron.

Cuando alguna persone es difícil de convencer o trata de defenderse de incumplimientos, o se vale de subterfugios, o cuando alguna muchacha rebate piropos o galanteos, se dice de ella que tiene **«más resaca que la mar de Guacuco»**.

Y NO TENER A QUIEN VOLVER LOS OJOS

Expresión de tristeza, de soledad. Se usa cuando ronda la vejez y los hijos no se acuerdan de enviar loa recursos económicos necesarios para el sustento. Cuando surgen las enfermedades y no se cuenta ni con el familiar ni con el amigo. Es decir, cuando el desamparo es total.

La expresión es muy antigua, en viejos infolios la encontramos:

En carta dirigida al Rey, desde La Asunción, el 16 de abril de 1681, los religiosos del Convento de Nuestra Señora del Rosario informan de las miserias que padecen a causa de la invasión del enemigo francés en 1677 «que destruyó a balazos las imágenes de talla y en especial la de nuestro señor Santo Domingo, a quien quitaron la cabeza y las manos». Le asaltaron la granja que tenían para el sustento y se llevaron tres esclavos. Quemaron el sagrario y los libros misales y corales. Robaron cálices, campanas, lámparas y cruces, y demás objetos de plata labrada; quedando en miseria extrema «y - **en medio de ella -, Señor, "no tenemos a quien volver los ojos"**».

UN MUCHACHO DE ANTIER

El antier margariteño es algo respetable. Una sucesión de tiempo que no se puede precisar. Puede significar días, semanas, meses, años y hasta siglos. Tal vez la expresión se justifica por la larga vida de que gozan los habitantes de la isla, donde 100 años de existencia es una marca que han rebasado aquí unos cuantos.

Cuando alguien fallece, o cuando se alude a la edad de alguno se afirma:

«Fulano... ese es un muchacho de antier».

"De antier" hay aquí unos cuantos muchachos que ya tienen bisnietos.

EL QUE SE SIENTA EN TURE NO SE CASA

El "Ture" es un mueble muy margariteño. No hay casa por humilde o rica que sea que no tenga su par de "tures".

Dicen que el mueble es de origen indígena. Lo cierto es que, en comodidad apoca al sofá y demás muebles diseñados para el reposo.

De madera se construye, pero el que tiene el fondo y el espaldar de cuero de chivo es el más apreciado.

En las casas se lo disputan, mas las personas mayores lo tienen asegurado, y quizás fue algún viejo que inventó la sentencia de **«quien se sienta en ture no se casa»** para que los jóvenes de ambos sexos no hagan mucho uso del mencionado mueble.

Los "tures" desafían al tiempo, y los hay que han servido de asiento a varias generaciones.

"Sentada en el viejo ture / que es herencia de la mama", reza el verso del "Milagro de la Perla".

¡SE FUE A BURRO!

"Irse a Burro" es una vieja expresión margariteña que significa éxito en cualquier empresa, obtener logros fáciles, cosechar en abundancia y sin ningún esfuerzo beneficios o premios.

En la parte sur-este del puerto de Pampatar está la pequeña ensenada de Burro, aledaña al sitio que hoy se conoce con el nombre de "La Vuelta de la Pantaleta".

El nombre antiguo de la dicha ensenada era "Lance de los Burros", según documentos y crónicas de la Colonia.

Los españoles edificaron allí una batería que más tarde destruyeron piratas holandeses.

El nombre colonial aludía, tal vez, a la abundancia del pez llamado burro, especie de corocoro, de carne sana y de exquisito sabor, que los mandingas o chinchorros encerraban en grandes cantidades, o "daban lance", como se dice en lenguaje de pesquería.

Para llegar a la ensenada y playa de Burro es necesario u obligatorio, tanto por mar como por tierra, pasar primero por la bahía y playa de La Caranta.

Cuando alguien escala fácilmente posiciones o es acompañado en su trabajo por la buena suerte, el comentario obligado sobre tales sucesos, se resume en la expresión de que:

«SE FUE A BURRO SIN PASAR POR LA CARANTA»

LO QUE COMIÓ EL PADRE EN BARRANCAS

Nos ha sido por demás difícil e imposible averiguar el nombre del sacerdote que, en Barrancas sufrió tanta penuria, dando origen a esta expresión que se repite desde hace largos años por estos predios. Duda tenemos también si el sitio Barrancas es el Caserío del Distrito Díaz en Nueva Esparta o el puerto y pueblo de las riberas del Orinoco.

Más es lo cierto que, cuando el pescador regresa de la mar sin haber pescado ni una sardina, o cuando los vientos impiden salir a las faenas pesqueras o cuando en nuestras casas no hay dinero para comprar los alimentos cotidianos, surge la amarga sentencia:

«¡HOY COMEREMOS LO QUE COMÓ EL PADRE EN BARRANCAS!»

SALIÓ COMO LANCHA COCHERA

Cuando la navegación se hacía en botes de velas, era preocupación de armadores y navegantes, mandar a construir sus embarcaciones de manera que fuesen livianas, ágiles, que respondiesen prontamente a las maniobras de atraque y leva, y que en alta mar fuesen "caminadoras", tanto en bajada como en la remontada.

En la isla de Coche, dichos buques, en su mayoría, lanchas y piraguas, eran veloces en la arrancada en mar tranquilo, pero la navegación en mar grueso era dificultosa.

Cuando alguien emprende un trabajo con mucho entusiasmo y y brío, y a mitad de camino lo abandona por desencanto o cansancio, la expresión viene al caso:

«¡ADIÓS, CARÁ..! ¡SALIÓ COMO LANCHA COCHERA..!»

MÁS FEA QUE PUNTA MOSQUITO CON CHUBASQUERÍA

Punta Mosquitos, al Oeste de Porlamar y frente a la isla de Coche, es zona por demás peligrosa para la navegación de grandes y pequeños barcos. Llena de riesgos en tiempos de bonanza, temerosa con chubascos y refriegas.

Desde allí la Virgen del Valle ha recibido súplicas: «de que el bote no se hunda», «de que nos saque con bien de estos parajes», y muchas promesas se ha ganado llevando a buen destino a las embarcaciones.

Horrible, pues, debe ser la persona a quien se compara con la Punta de Mosquitos con chubasquería.

MONO QUE SE SUELTA A ESTA HORA, PA' CO'GELO CUESTA

El campesino llegaba temprano al puerto. Dos burros cargados de leña, racimos de plátanos, carbón y auyamas. Pronto sonaban en la ancha faja los bolívares de la venta. Mas el campesino era conversador y amigo de los "palos"; y en la pulpería llegaba a "echarse la mañana".

Luego llegaban los amigos y los tragos se multiplicaban.

El pulpero servía "media potoca", "potoca y media", "dos potocas". Chistes, canciones, abrazos, y de pronto el atardecer, y, con las sombras de la noche, los consejos:

«Váyase amigo que es muy tarde».
«Apúrese que ya la mujer lo vendrá a buscar».

Pero él siempre respondía, entre suspiros y risas:

«Ay, mijo... **Mono que suelta a esta hora, pa' co'gelo cuesta**».

DIOS ES MÁS GRANDE QUE MANUEL MATA

Proverbial es la estatura física del margariteño, en la cual han influido la sana alimentación, las condiciones climáticas de la Isla y las faenas del campo y del mar. Ya esto lo observó el poeta y cronista don Juan de Castellanos:

"Mujeres naturales y varones
 es en universal gente crecida,
de recias y fornidas proporciones
a nuestros españoles comedida;
son todos de muy sanas complexiones
y todos ellos viven larga vida,
son pocos curiosos labradores,
por ser cazas y pescas sus primores"

Humboldt, refiriéndose a los guaiqueríes, afirma que «viéndolos desde lejos parecen estatuas de bronces».

I Morillo, al justificar su derrota en Margarita, dice que sus contendores «eran membrudos y agigantados».

Cómo sería, pues, de alto y fornido Manuel Mata, que solamente se le podía comparar con el Supremo Hacedor.

Cuando la desgracia o la mala suerte ronda en la vida del margariteño, siempre habrá el consejo esperanzador: «No se aflija.., tenga fe, que ¡**Dios es más grande que Manuel Mata**!»

Por cierto, hay discrepancia sobre este personaje. Mientras unos afirman que era pariente del Prócer Policarpo de Mata, otros aseguran que fue un "curioso" de tiempos antiguos que, con hierbas y oraciones, hacía curaciones asombrosas.

NI CUANDO LA LOCA

En épocas algo ya lejanas, y casi siempre por guerras civiles o epidemias, Margarita sufrió hambrunas y miserias al ordenársele el cierre de sus puertos.

En muchas de esas ocasiones, el pueblo insular llegó a comer raíces de magueyes quemados y guamachos sancochados.

Pero la más famosa de todas aquellas hambrunas fue la conocida con el nombre de "La Loca", bautizada así porque muchas personas perdieron la razón a causa del hambre.

Así, pues, cuando el pulpero recorta el pedazo de papelón o pone más chiquito el centavo de café, o cuando el precio del maíz sube de golpe y la campesina vende los pepinos amarrados, surge la tétrica expresión:

«¡Ay, mijito... ni cuando la "La Loca"!».

En ese tiempo – dicen - un huevo llegó a valer "un peso" y una "media de maíz", una morocota.

UN TIRO Y A POLANCO... ¡QUE VOY GUISAO..!

Antes, existía la costumbre de sabotear las fiestas como se hace en ocasiones con los mítines políticos.

En cierta oportunidad, se realizaba un baile el barrio de pescadores de Pampatar, con motivo de la conmemoración de San Juan, que en dicho puerto se celebrara anualmente con gran entusiasmo.

La música estaba comandada esa vez por el gran bandolista SARO CARRILLO, vecino de la calle "Polanco", de la capital de Maneiro, y la "EMELINA", que así llamaba Saro a su bandola, desbordaba alegría en las notas de un galerón margariteño.

Parece ser, que cierto tipo, molesto porque su novia bailaba con otro mozo, regó en la pista pimienta molida; cuyo olor, mezcla do con las emanaciones de los cuerpos sudorosos de las parejas, produjo un volcán de estornudos y picazón.

Uno de los más afectados fue el maestro SARO, quien salió corriendo con su bandola bajo el brazo y gritando como un loco:

«¡…UN TIRO Y A POLANCO… QUE VOY GUISAO..!»

Cuando alguien escapa de una conversación o acción comprometedora utiliza esta expresión.

YA ESA... Y LA HUEVA DE MENCHO

En las regiones pesqueras de Margarita, y en algunas de a Costa Firme, es por demás conocido el refrán. Se aplica cuando alguien protesta por la pérdida de algún traste u objeto personal extraviado.

Mencho Marcano, patrón y empresario de trenes de mandingas y bolicheros, pescó un día en La Esmeralda, puerto del Estado Sucre, una hermosa anchoa, y la reservó para el almuerzo

Cuando la anchoa fue "escalada", se le encontró una hueva de grandes proporciones. Mencho le dijo al ranchero:

«¡Oiga... Esa hueva es mi almuerzo, sabe..!.»

A la hora de servir el hervido, Mencho reclamó su hueva, pero el ranchero le notificó que había desaparecido del caldero donde la guardaba.

El tropel que armó Mancho fue histórico y, como consecuencia, quedó el refrán.

¿Y TÚ CREES QUE YO SOY DEL MACO...?

Es utilizada esta expresión por las margariteñas ante los asedios de enamoramientos, y de manera especial o particular, de los "forasteros" o "navegaos".

Tal dicho - según la tradición - nace a partir de mayo de 1816, cuando Bolívar y sus oficiales llegaron a la Isla en la histórica Expedición de Los Cayos y establecieron su cuartel general en la Villa de Santa Ana del Norte.

La aldea de El Maco, hoy Caserío Bolívar, muy cercana a la Villa, se ha distinguido siempre por la laboriosidad de sus hijos y por la hermosura y belleza de sus mujeres.

Se afirma que algunos oficiales y soldados de la Expedición, obtuvieron conquistas femeniles en el citado vecindario mediante promesas matrimoniales que no cumplieron.

Ante esta situación, las otras paisanas pusieron siempre en dudas los ofrecimientos de los forasteros, y como advertencia respondían:

«Y tú crees que yo soy de El Maco».

De esos tiempos, aseguran, es la copla siguiente:

> El amor del forastero
> es como espina de tuna,
> que hinca y queda doliendo
> sin esperanza ninguna.

COMO EN LA NOCHE QUE PARIÓ TOMASA

Relacionada con la oscuridad es esta expresión, muy antigua y muy extendida en todos los pueblos de la Isla, y, por ende, en todos los sitios de Venezuela donde el margariteño ha detenido su peregrinar.

Ha debido ser una noche tormentosa cuando a Tomasa se le ocurrió parir. Por cierto nadie sabe quién es la dichosa Tomasa de la afirmación popular, que a cada rato se menciona cuando falla el fluido eléctrico o cuando el viento apaga en los ranchos la lámpara de kerosene o de carburo.

ARRURA… GUANAGUANARE..!

Es la réplica femenina a la lluvia de piropos, al volcán de palabras que el galán le susurra o le dice para enamorarla, para convencerla de su gran amor.

"Arrura… Guanaguanare...!,es decir, grita, dí palabras tontas, frases vanas.

El guanaguanare es un pájaro marino algo escandaloso, que sólo aletea y hace ruido mientras gaviotas y alcatraces se atragantan de sardinas.

"Arrura", es el sonido onomatopéyico de sus graznidos.

¡A TIERRA... QUE LA MAR TA' BUENA!

Al atardecer, cuando a bordo concluyen las faenas, los marineros se acicalan para venir a tierra. La novia, la mujer, la parranda esperan. La franela limpia, el pantalón planchado, el bayrum refrescando el rostro. El marinero de guardia los trae en el cayuco, pero es necesario que la mar esté calma, que no haya fuertes marejadas que atraviesen la lancha y moje la "ropa de salir" que en la oportunidad visten los marineros francos. El cayuquero ejecuta la maniobra de atraque y lanza el clásico grito:

«¡A tierra...que la mar ta' buena!».

La expresión tiene cabida cuando se concluye un trabajo tedioso, en el cual hemos intervenido largas horas o días y al fin el éxito corona la empresa.

OTROS DICHOS Y EXPRESIONES

¡Alza el vuelo guayamate!

¡A cagá a otro morro!

¡Aguantao con los remos!

A zamuro muerto no se le tiran piedras.

Cariaco ¡con tanto negro¡

Cagando blanco como zamuro en playa.

Cabeza de Olaya... cabeza pelá.

¡Caraota con cebo!

Cogiendo aunque sea fallo.

Coja lo que le den.

Con más piojos que alcatraz pichón.

Con más puya que una raya.

Con más puya que un bagre.

Con más matadura que un burro.

Con más muelas que un cangrejo.

Con más moscas que burro viejo.

Como guaiquerí con alpargatas nuevas.

Como paraulata en penca de tuna.

Como picúa corsaria.

Gomo gallina que ve sal

Como perro que ve visiones.

Como gallo en cuerda.

Como un dorado sobre cubierta

Como barco mal lastrado.

Como barco sin timón.

Como guaiquerí con pescado.

Como río en conuco.

Como volador sin rabo.

Come más que una nigua.

Come más que chupare.

Con más espinas que un machuelo

Con la lengua afuera como perro cazador.

¡Copería a barlovento!

¡Cuando sin llover gotea!

Cuando san Juan agache el dedo.

Con uno que lo diga basta.

Cuando mono no carga a su hijo.

Cruzando las patas como vaca vieja.

LOS NOMBRES AFECTIVOS

Quizás en ninguna región de Venezuela, los nombres de las personas sufran tantas transformaciones como en Margarita.

Es raro - muy raro - el margariteño que sea conocido con el nombre con que fue bautizado o anotado en el Registro Civil. Tal circunstancia - creemos nosotros - débese a que cada pueblo insular está formado por dos o tres familias emparentadas. De esa forma, el trato es por demás íntimo o más bien familiar. Nos consideramos como de un mismo pueblo, con parientes en las distintas localidades; y por lo tanto, el cariño y la cordialidad pautan nuestras relaciones.

Los nombres - escogidos del santoral - pasan por ese tamiz de cariño, y no hay apelativo por duro y fuerte que sea que no tenga su diminutivo o variante de afecto.

Nombres los hay que prevalecen o abundan en algunos lugares. En Pampatar, por ejemplo, los Jesús y Franciscos existen en cantidades tales que, al convertirse en los afectivos de <u>CHUCHOS</u> y <u>CHICOS ,</u> es necesario buscar otras nominaciones para distinguirlos, máxime cuando por coincidencia llevan el mismo apellido. Aquí tenemos a:

Chico, el negro.

Chico, Mano Pancho.

Chico, Mamito.

Chico María.

Chico Cecilia

Chico Blas.

Chico Malena.

Chico Chico.

Y entre los Chuchos a:

Chucho Largo.

Chucho Bolerito.

Chucho el Sordo.

Chucho Chopo.

Chuchú.

A las personas de edad respetable (80 a 90 años)se le antepone el título de ÑO o ÑA: Ño Pedro, Ña María. A los más jóvenes se les aplica el MANO: Mano Goyo; Mana Facha; el familiar CUÑAO: Cuñao Cundo; y el amigable ÑERO: Ñero Chemané.

La costumbre muy margariteña de los nombres afectivos, la destaca Don Casto Fulgencio López en su obra "LA MARGARITA"; y cita algunos de ellos y sus variantes. Nosotros insertamos algunos, a continuación, y hacemos constar que la lista es demasiado larga.

La mayoría de los visitantes se extrañan de oír saludos tales como estos:

Adiós, Cuñao Chiroco.

Dios lo guarde, Camané

Hasta mañana, Catoño

Expresiones que suplantaron desde hace muchos años a los nombres oficiales de Isidoro, José Manuel y Carlos Antonio, que el «día de la nacencia» les indico el almanaque, y que ahora llevan casi como un apodo en la Cédula de Identidad o en la Fe de Bautismo.

Hipocorístico	Nombre Original
Alala	Adela
Anguito	Ángel
Bache	Salvador
Bacho	Eufrasio, Gervasio
Bucho	Tiburcio
Bocho	Ambrosio
Ballello	Valerio
Ballillo	Baudilio
Ballito	Teobaldo
Bella	Silveria
Billa	Elvira
Ballano	Aureliano
Camané	José Manuel
Canango	Nicanor
Canón	Nicanor
Cacho	Nicasio
Cachú	Nicasio Jesús
Canacho	Carmen Asunción
Calango	Jesús Ángel
Caliche	José Nicolás
Cantino	Florentino
Candallo	Candelario
Charo	Rosauro, Rosario, Melquíades

Choro	Melchor
Chiroco	Isidoro
Chemané	José Manuel
Chuché	Jesús José
Chabolo	Salvador
Chico Chabolo	Francisco Salvador
Chumeque	Jesús Manuel
Chabela	Isabel
Chabelonga	Isabelita
Chubano	Jesús Silvano
Chochorro	Eliodoro
Fucho	Rafael
Fincho	Luis Rafael
Faño	Epifanio
Fora	Sinforosa
Gueño	Eugenio
Gacho	Graciliano, Deogracia
Guaro	Eduardo
Licho	Luis
Lucho	Luis
Lacho	Lázaro
Lona	Apolonia
Matito	Florentino
Matoña	María Antonia

Machabá	María Isabel
Maneque	Manuel
Mojino	Hermógenes
Momo	Gerónimo
Macenta.	María Inocente
Machepa	María Josefa
Macu	María Cruz
Mayuyo	María Gertrudis
Macha	Máxima
Moñá	Celedonia
Miña	Herminia
Nino	Saturnino
Nicho	Dionisio
Nacho	Ignacio
Ñonga	Norberta
Naro	Leonardo
Peché	Pedro José
Poncho	Ildefonzo
Pencho	Pedro Tomás
Taco	Eustaquio
Tutu	Pedro Jesús
Telo	Telésforo
Vico	César
Villalla	Migdalia

Varo   Evaristo

Zoya   Zobeida

Pampatar: enero de 1963

SOBRE EL AUTOR

Rosauro Rosa Acosta (Pampatar, Venezuela, 1925-
2001) Poeta, narrador, Cronista de Pampatar y del Estado
Nueva Esparta, Miembro Correspondiente por el Estado
Nueva Esparta a las Academias de la Lengua y de la
Historia, fue inquieto activista cultural, fundador de
bibliotecas y periódicos. Dirigió por largos años el
Suplemento Cultural del diario "El Sol de Margarita",
manteniendo en diversos medios locales, regionales y
nacionales su columna "Caracol de la Isla", de muy grata
recordación. Hizo de su hacer literario una profunda
comunión con su pueblo, legándole una amplia variedad
de títulos fundamentales para entender la historia, las

costumbres y el modo de ser margariteño, entre los que destacan: "Los Hombres del 4 de Mayo", "Diccionario Geográfico-Histórico del Estado Nueva Esparta", "Pueblo de la Mar", "La Asunción: Noble y Eterna", "Muestra del Folklore Margariteño", "De Antiguas Ansiedades", "Playeras", "La Mariposa Negra y Otros Relatos", "Los Robles: Datos para su Historia", "El Castillo de Santa Rosa", "Los Hombres de Matasiete", "La Iglesia del Santísimo Cristo del Buen Viaje", y "Diccionario Margariteño. Biográfico, Geográfico e Histórico".

OBRAS DE

ROSAURO ROSA ACOSTA

DISPONIBLES EN

USA, CANDA, FRANCIA, UK, ITALIA, ESPAÑA,

LATINOAMÉRICA Y A NIVEL MUNDIAL

POR

AMAZON

- ❖ LOS HOMBRES DE MATASIETE

- ❖ LOS HOMBRES DEL 4 DE MAYO

- ❖ HEROÍNAS MARGARITEÑAS

- ❖ MUESTRA DEL FOLKLORE MARGARITEÑO

- ❖ DE LA ISLA Y SUS DECIRES.

Disponibles en papel y formato electrónico para Kindle

www.ingramcontent.com/pod-product-compliance
Lightning Source LLC
Chambersburg PA
CBHW051428280526
45785CB00003B/1210